Aventures

Anne Burrows Clarke
Gail S. Leder
Rauda M. Rautins Dickinson
Jacquelyn Irvine Dove
Patricia Eggert Mangi
Editorial development: ***Jacquie Donat***

National Textbook Company
a division of NTC/Contemporary Publishing Group
Lincolnwood, Illinois USA

Editing/*Jacquie Donat, Timothy Rogus*
Design/*Many Pens Design*
Illustration/*Barbara Reid*
Songs/*Matt Maxwell*

ISBN: 8442-1540-6

Published by National Textbook Company,
a division of NTC/Contemporary Publishing Group, Inc.,
4255 West Touhy Avenue,
Lincolnwood (Chicago), Illinois 60646-1975 U.S.A.
© 1990 by NTC/Contemporary Publishing Group, Inc.
All rights reserved. No part of this book may be reproduced,
stored in a retrieval system, or transmitted in any form or by any means,
electronic, mechanical, photocopying, recording or otherwise,
without prior permission of the publisher.
Developed in cooperation with Copp Clark Pitman.
Printed in Hong Kong.

8 9 0 CP 9 8 7 6 5

Table des matières

Carte de France

Carte du Canada

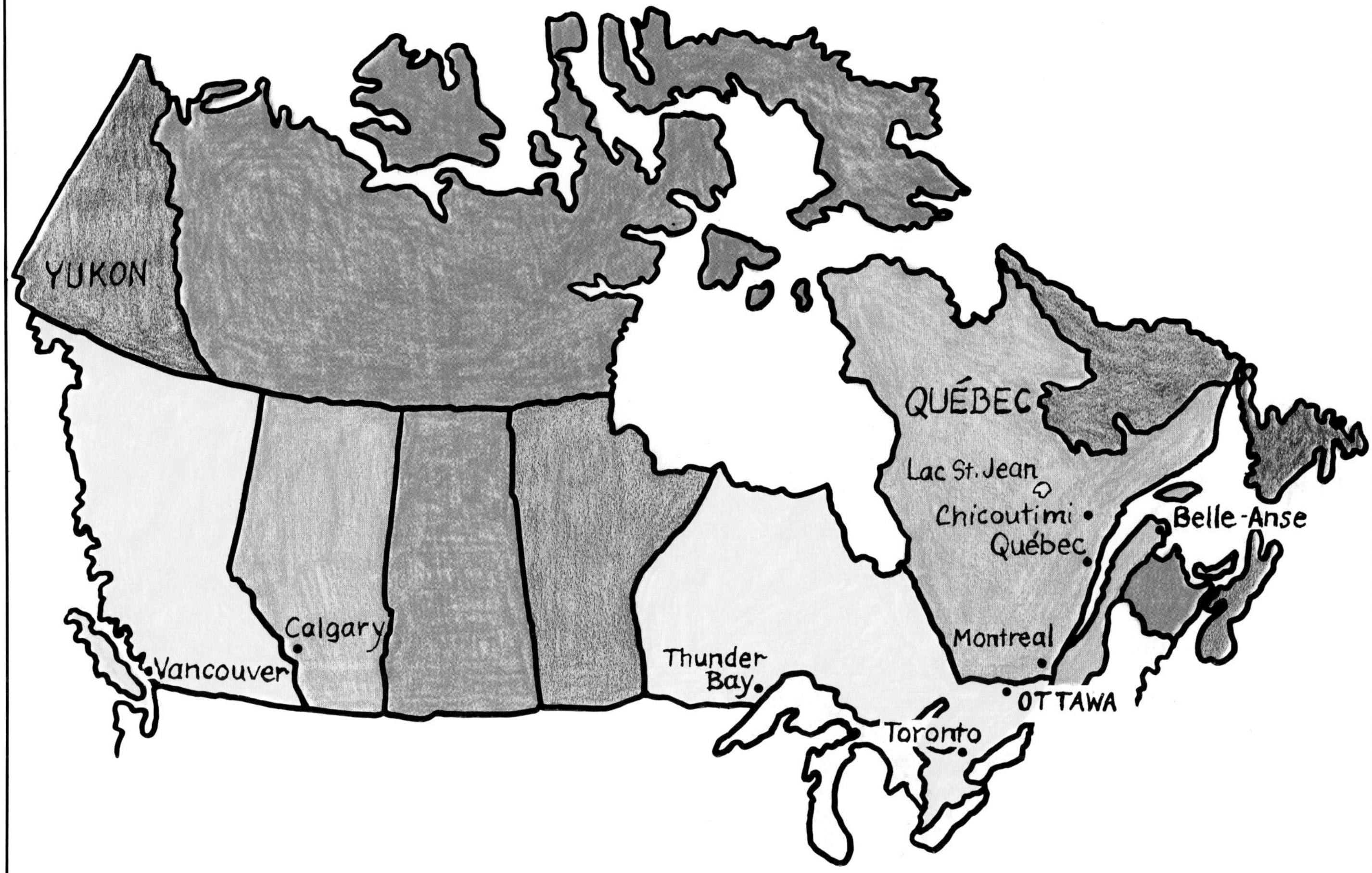

TOUR D: *Au mond*

des vêtements

Il fait froid!

Parle!

A.

B.

Parle!

C.

Lis et parle!

Qu'est-ce que c'est? Qu'est-ce qu'elle met? Qu'est-ce qu'elle porte?
De quelle couleur est-ce? Quel temps fait-il? C'est un chien?

La photo fantaisie

Luc: Lutin, regarde le bébé!
Lutin: Ah oui! Il porte un T-shirt, un short et des chaussures de sport.

Lutin: Luc, tu portes des vêtements bizarr
Luc: Mais non, c'est très chic. Je porte un anorak, un pantalon de ski et des gants.
Lutin: Et mets une casquette aussi.
Luc: Oh, Lutin!

Lutin: Regarde, Luc! Je porte un jean et un T-shirt jaune et orange.
Luc: Oh! là là! C'est horrible!

Luc et Lutin: Mozart!
Lutin: Qu'est-ce que tu portes?!!
Mozart: Miaou?
Luc: Un maillot et des sandales, pour un c
Luc et Lutin: Ah non!

Chante!

Qu'est-ce qu'on porte?

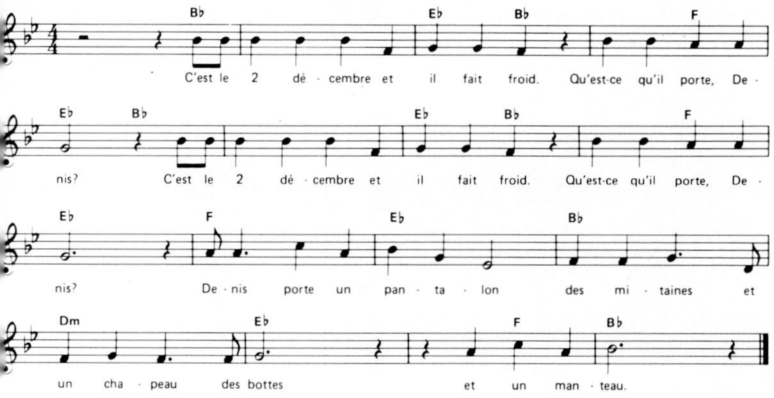
B♭ E♭ B♭ F
C'est le 2 dé - cembre et il fait froid. Qu'est-ce qu'il porte, De -
E♭ B♭ E♭ B♭ F
nis? C'est le 2 dé - cembre et il fait froid. Qu'est-ce qu'il porte, De -
E♭ F E♭ B♭
nis? De - nis porte un pan - ta - lon des mi - taines et
Dm E♭ F B♭
un cha - peau des bottes et un man - teau.

Paroles et musique: Matt Maxwell

2. C'est le 5 mars
Et il pleut.
Qu'est-ce qu'elle porte, Marie? } (*bis*)
Marie porte une casquette
Une robe et des bottes.
Marie a un parapluie.

3. C'est le 30 juin
Et il fait chaud.
Qu'est-ce qu'il porte, Roméo? } (*bis*)
Roméo porte un maillot
Un T-shirt et des sandales
Ô Roméo, qu'il fait beau.

Attention, les vêtements!

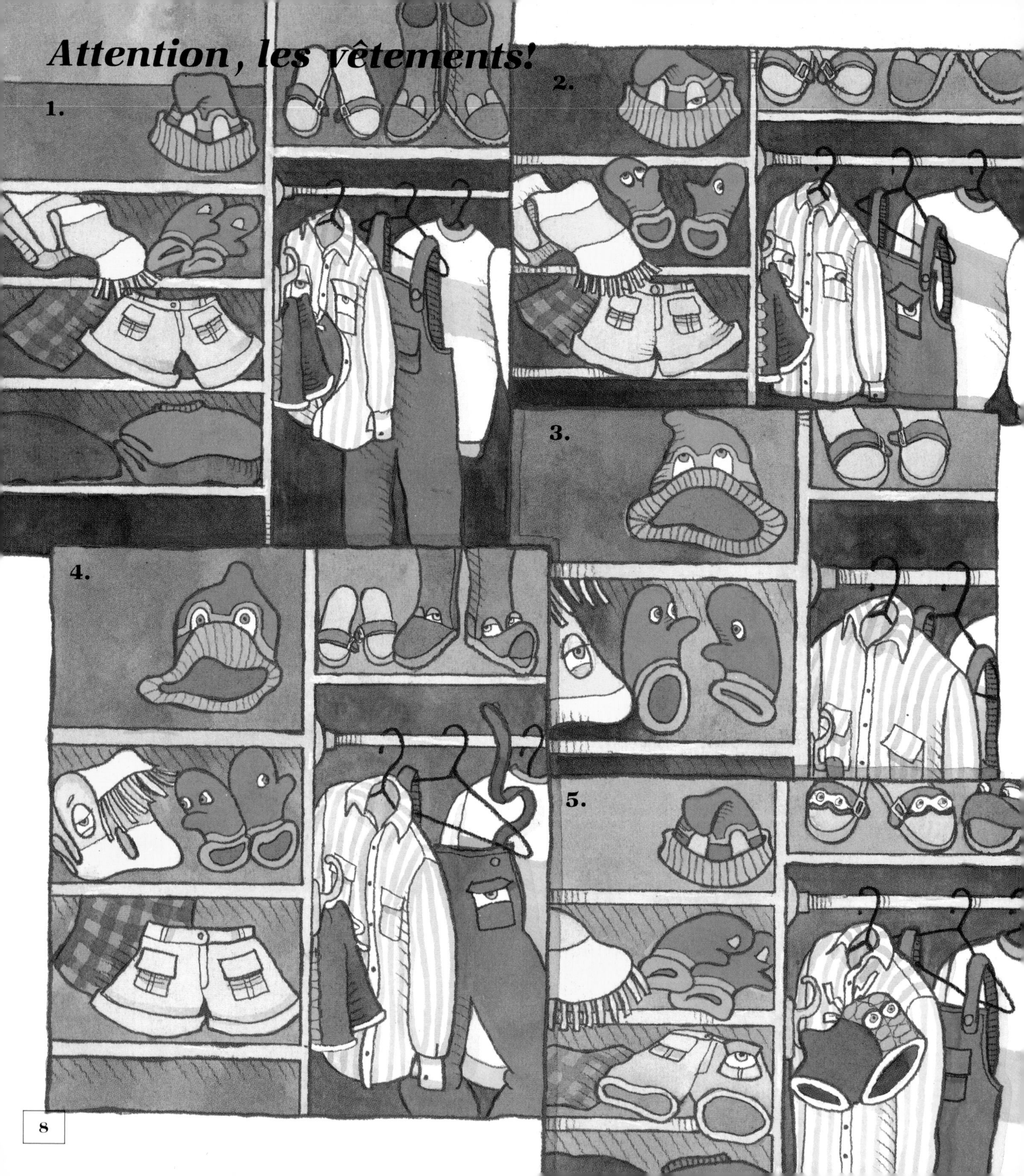

C’est logique?

À ton tour!

C’est quelle saison?   C’est logique?   Qu’est-ce qu’il/elle porte?   Quel temps fait-il?

Roméo et la météo

Annonceur: Voici Roméo et la météo.
Roméo: Bonjour, bonjour, bonjour!
Aujourd'hui c'est le 8 décembre. Il fait froid et il neige, neige, neige! Regardez! Je porte mes bottes!

Roméo: Allô, allô, allô!
C'est le 21 juin. C'est l'été, mais il fait mauvais et il pleut, pleut, pleut! Oh! là là!

Roméo: Bravo, bravo, bravo!
Il fait très beau et il fait chaud, chaud, chaud!
Regardez! Je porte mon maillot bleu et orange!

Roméo: Ah! c'est fantastique.

Annonceur: Aujourd'hui c'est le 15 janvier. Voici Roméo et la météo.
Roméo: Oui, oui, oui! Voilà la neige. Il fait beau mais il fait froid, froid, froid! Regardez! Je mets mes skis.
Annonceur: Attention, Roméo!

Roméo: C'est magnifique . . .
Annonceur: Au revoir, Roméo!

Au monde des vêtements

Quelle aventure!
Tour D

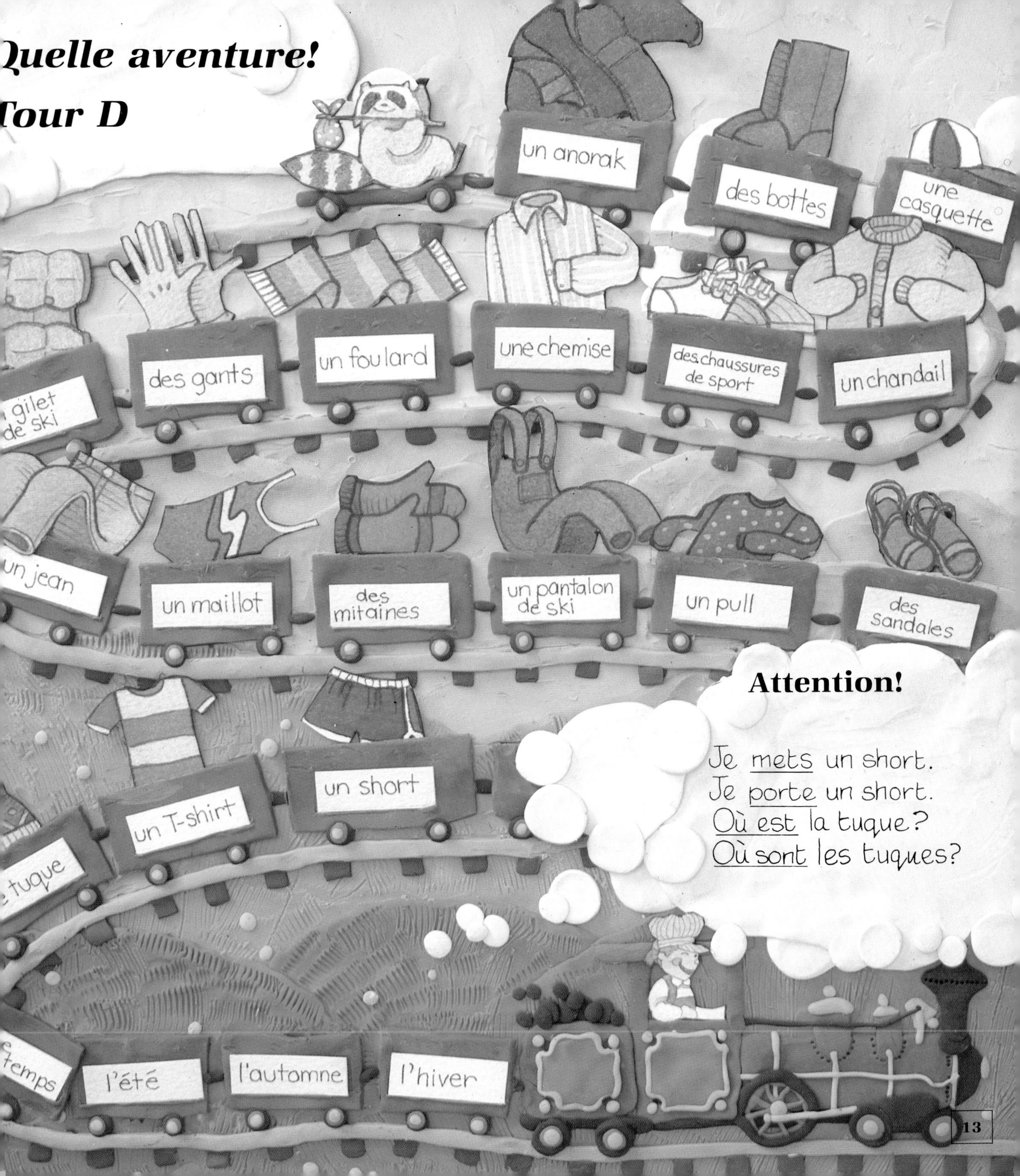
un anorak
des bottes
une casquette
gilet de ski
des gants
un foulard
une chemise
des chaussures de sport
un chandail
un jean
un maillot
des mitaines
un pantalon de ski
un pull
des sandales
tuque
un T-shirt
un short
temps
l'été
l'automne
l'hiver

Attention!

Je <u>mets</u> un short.
Je <u>porte</u> un short.
<u>Où est</u> la tuque?
<u>Où sont</u> les tuques?

TOUR E: *Au monde*

des animaux

J'ai une surprise!

Parle!

A.

1.
2.
3.
4.
5.
6.
7.

B.

1.
ANTOINE
2.
SIMONE
3.
LUCILLE
4.
RAYMOND
5.
VICTOR
6.
SUZETTE
?

Parle!

C.

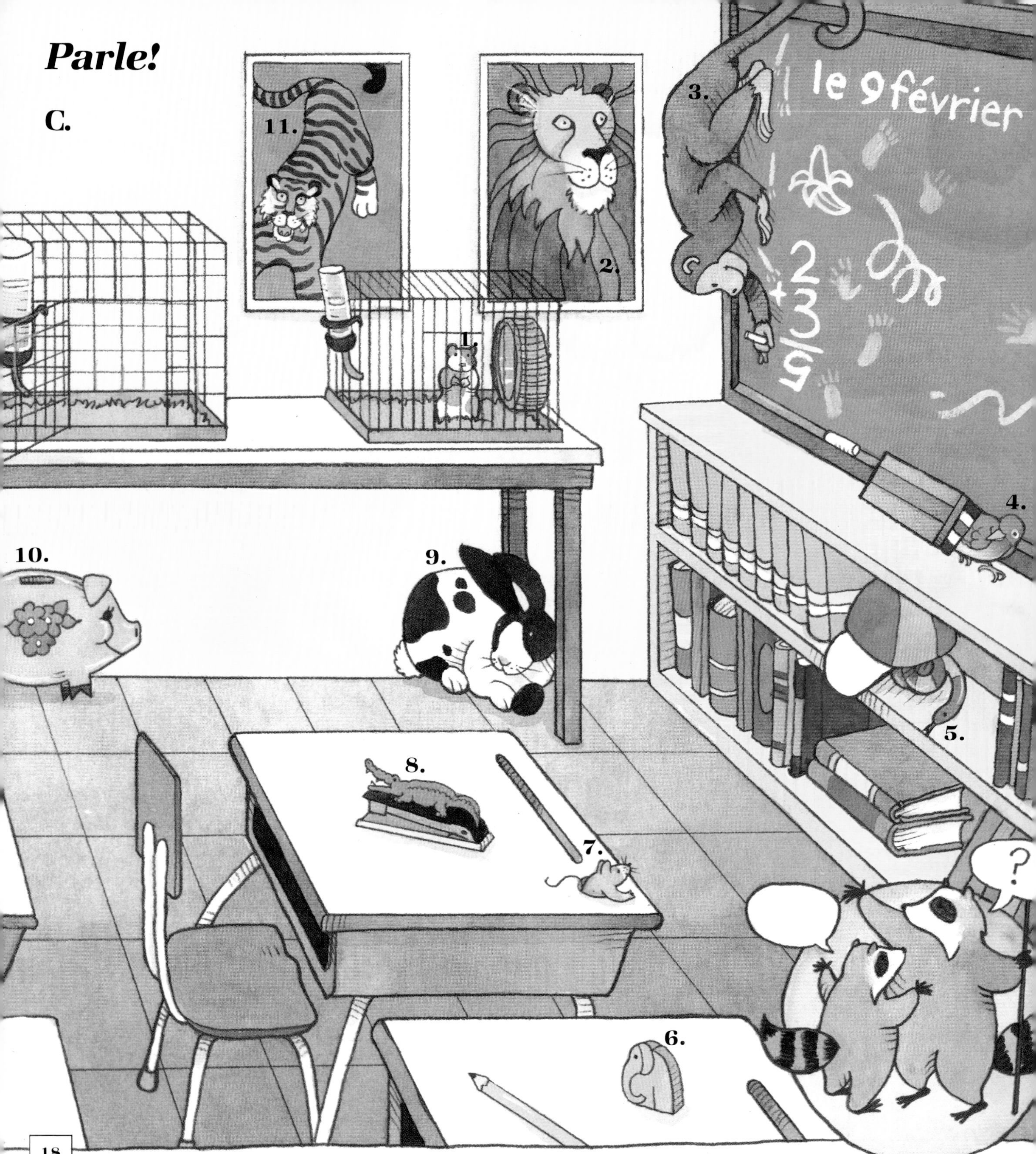
1.
2.
3.
4.
5.
6.
7.
8.
9.
10.
11.
le 9 février
2
+3
5
?

Lis et parle!

Qu'est-ce que c'est? C'est un/une...? Qu'est-ce qu'il/elle met?
De quelle couleur est...? Il est petit/drôle? Comment est...?
Qu'est-ce qu'il/elle porte? Elle est grosse/grande?

Une élection intéressante

1.
Votez pour Ponce le lion! Il est grand, féroce et très intelligent.
PONCE
BON! BON! LE LION!
2.
UN OISEAU
BRAVO! BRAVO!
Voici un oiseau extraordinaire. Votez pour Zola! Il est petit et il est très gentil.
ZOLA
3.
Attention! Ce n'est pas une souris timide. Émilie la souris est gentille et très intelligente. Vas-y, Émilie!
Ton amie, La souris!
Émilie!
4.
Ça va mal, mes amis? Mais non! Votez pour Pascal le cheval. Il est grand et calme aussi. C'est un cheval intéressant.
Cheval
Pascal
Avec un cheval, ça ne va pas mal!

Le café Crocodile

D Refrain
A7
G7
D
Où sont tous les a - ni - maux? Dis - moi, où sont - ils?
D
A7
G7
D
Où sont tous les a - ni - maux? Ils sont au ca - fé Cro - co - dile.
A
F♯M
G
1. Lé - o, le li - on, il est grand et fort. Il porte des chaus -
3. Voi - là Hen - ri, l'hippo - po - tame. Il danse du boogie a -
G7
D
A7
D
sures de sport Au ca - fé, ca - fé Cro - co - dile.
vec sa femme
A
F♯M
G
2. Voi - là Pierre, le ham - ster. Il a un gâ - teau pour son
4. Zack, le zèbre, il est noir et blanc. Il parle à un ser - pent
GM
D
A7
G7
D
an - ni - ver - saire Au ca - fé, ca - fé Cro - co - dile.
in - té - res - sant

Paroles et musique: Matt Maxwell

L'aventure d'Oscar et de Cyrano

À *vos places!*

À *ton tour!*

De quelle couleur est-ce? Qu'est-ce qu'il/elle porte? Où est...?
De quelle couleur est...? Comment est-il/elle?

Au café Crocodile

Voici le café Crocodile – un café très chic. C'est vendredi.
Les animaux sont déjà dans le café.

Oiseau 1: Oh, regardez le lion!
Il porte des chaussures de sport!
Oiseau 2: Tut, tut, tut. Pas dans le café Crocodile!
Oiseau 3: Oh, voilà Monsieur le zèbre.

Oiseau 1: Non, non, non. Ce n'est pas un zèbre. C'est un cheval.
Il porte un pull noir et blanc.
Oiseau 2: Il est drôle.

Le garçon: Bonjour, Monsieur le lapin. Comment ça va?
Le lapin: Ça va très bien. Tu as la surprise?
Le garçon: Ah oui, monsieur. Le gâteau est derrière la porte.

Cochon 1: Regarde le gâteau. C'est fantastique.
Cochon 2: Ah oui. Le petit lapin a quatre ans.
Cochon 1: Mais c'est un grand gâteau pour un petit lapin.

Hippopotame 1: Oh, regarde le tigre. Il est très timide!
Hippopotame 2: Ah oui. Comment ça va, Monsieur le tigre?
Le tigre: Ça ne va pas!
Hippopotame 1: Où est ton amie?
Le tigre: Elle est sous la table. Elle est timide aussi!

Ah oui! C'est un café très chic...et intéressant aussi.

Au monde des animaux

Quelle aventure!
Tour E

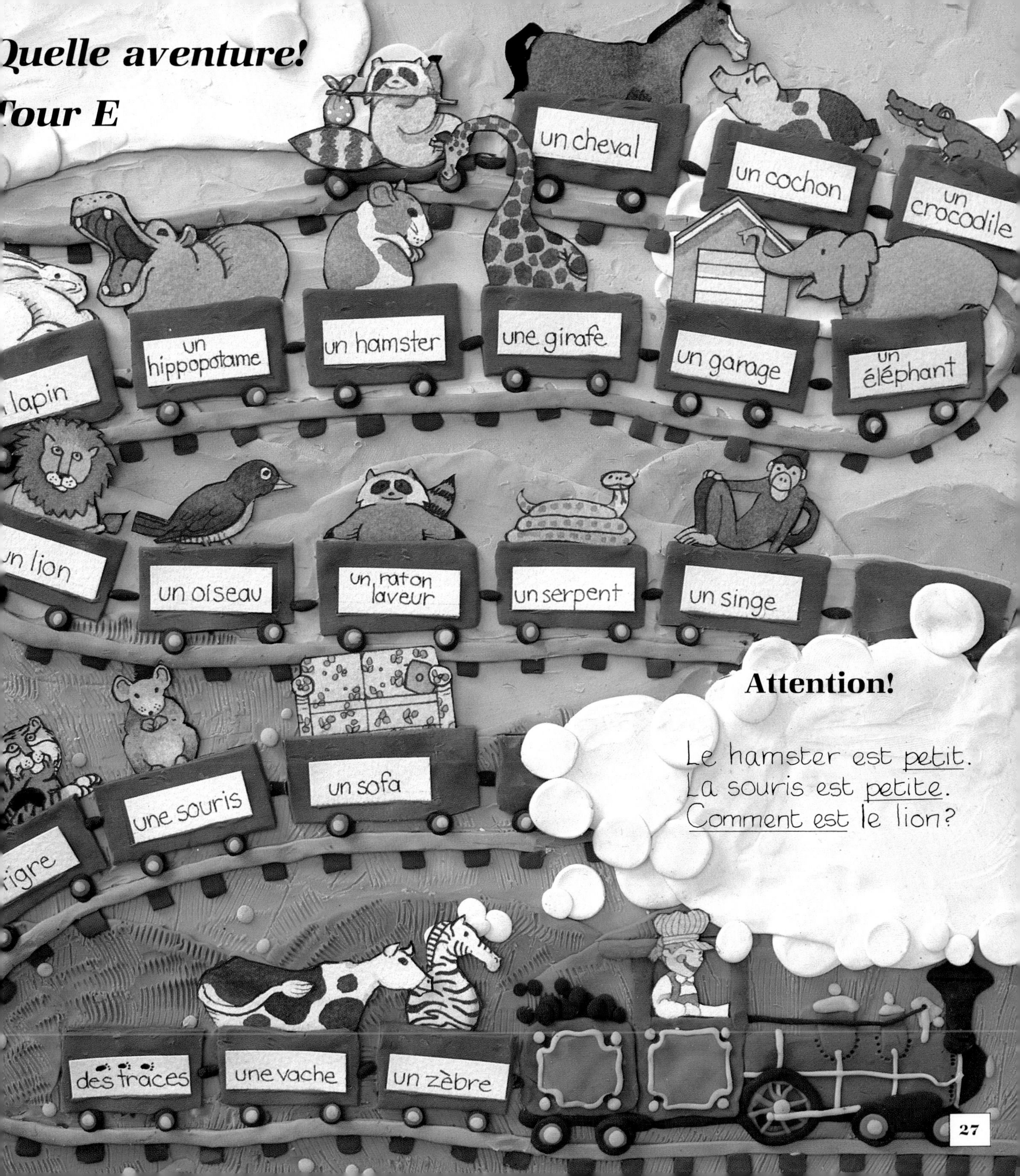
un cheval
un cochon
un crocodile
lapin
un hippopotame
un hamster
une girafe
un garage
un éléphant
n lion
un oiseau
un raton laveur
un serpent
un singe
igre
une souris
un sofa
des traces
une vache
un zèbre

Attention!

Le hamster est <u>petit</u>.
La souris est <u>petite</u>.
<u>Comment est</u> le lion?

Timbres et monnaie

1.

2.

3.

4.

5.

6.

7.

8.

9.

10.

11.

12.

Timbres reproduits avec la gracieuse permission de la Société canadienne des postes

1.

5 CENTS
K·G
CANADA
1970

2.

CANADA
25
cents
1970

3.

DOLLAR
CANADA 1867·1967

4.

1 CENT
CANADA 1867·1967

5.

10 CENTS
CANADA 1867·1967

6.

5 CENTS
CANADA 1867·1967

7.

50 CENTS
CANADA 1867·1967

8.

25 CENTS
CANADA 1867·1967

TOUR F: *Bon appétit!*

Cornichons, etc.!

Parle!

A.

B.

Parle!

C.

Lis et parle!

Qu'est-ce que c'est? Qu'est-ce qu'il/elle prépare? Qu'est-ce qu'il y a . . . ?
Qu'est-ce qu'il/elle veut? Qu'est-ce qu'il/elle aime? Où est/sont . . . ?

Quel désastre!

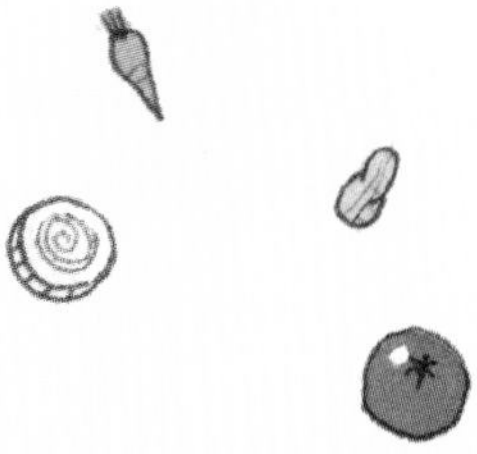

Bon appétit!

F C
Bon ap - pé - tit, mon a - mi. Tu veux de la soupe?
F C F
S'il te plaît, mon a - mi. Qu'est-ce qu'il y a dans la soupe?
B♭ C F Dm
De la glace et du cé - le - ri Des ba - nanes, du ma - ïs souf - flé.
F B♭ C F
Non, mer - ci mon a - mi. Je ne veux pas de soupe.

Paroles et musique: Matt Maxwell

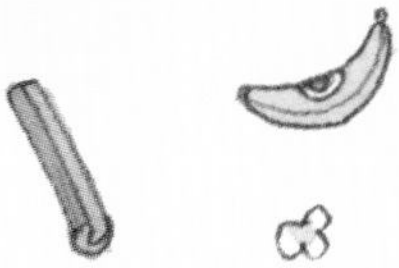

2. Bon appétit, mon ami.
Tu veux un sandwich?
S'il te plaît, mon ami.
Qu'est-ce qu'il y a dans le sandwich?

Des carottes et des oignons
Du ketchup et des cornichons.
Non, merci, mon ami.
Je ne veux pas de sandwich.

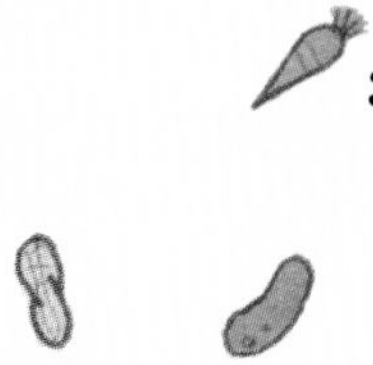

3. Bon appétit, mon ami.
Tu veux de la salade?
S'il te plaît, mon ami.
Qu'est-ce qu'il y a dans la salade?

Des arachides et des tomates
De la moutarde et du chocolat.
Non, merci, mon ami.
Je ne veux pas de salade!

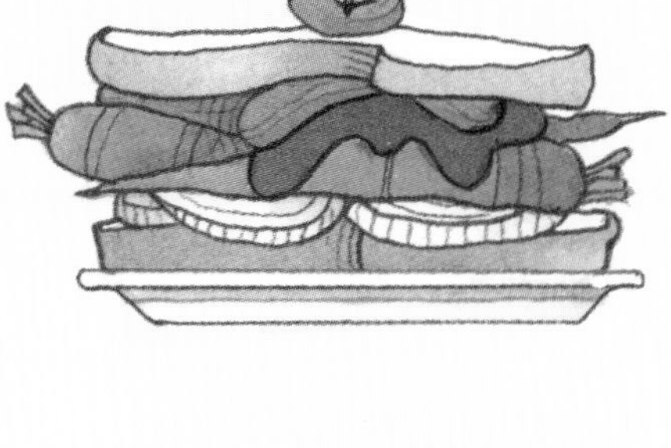

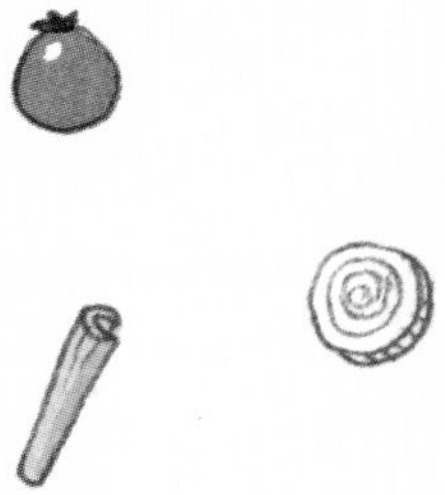

Quelle soupe!

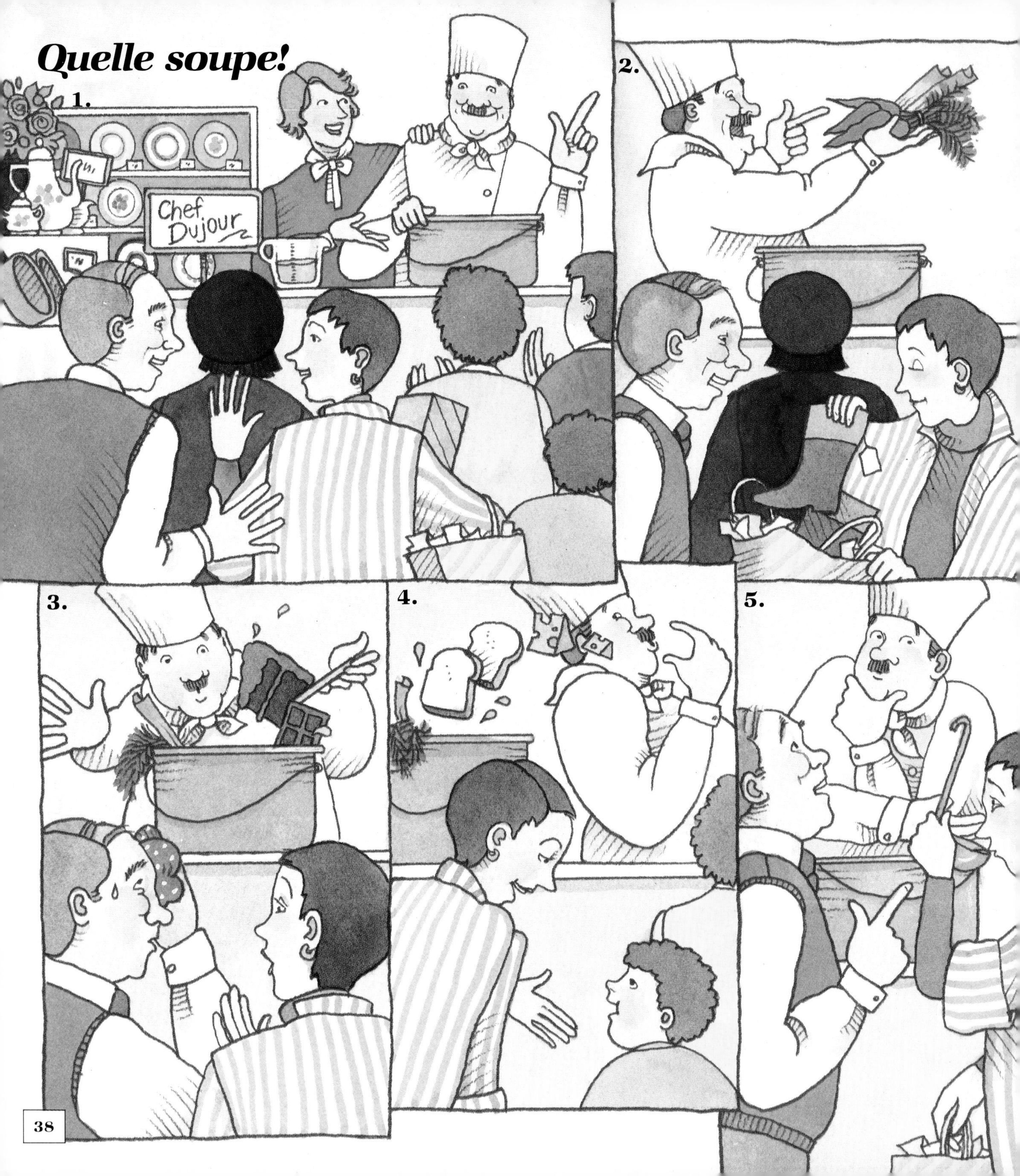

Quels sandwichs!

À ton tour!

Qu'est-ce que c'est? Qu'est-ce qu'il y a dans le sandwich? Où est . . . ?

Tu aimes . . . ? Qu'est-ce qu'il/elle porte?

Quel appétit!

Le lapin: Le printemps est fantastique, n'est-ce pas?
Le singe: J'ai faim!
L'éléphant: Regardez les oiseaux!
Le singe: Où est mon lunch?
L'éléphant: C'est magnifique ici!

Le singe: Je veux de l'eau! Je suis fatigué.
Le lapin: Moi aussi!
L'éléphant: Eh bien, tout le monde, on fait un pique-nique.
La souris: Merci!

Le singe: Ah non! Encore des bananes.
Le cochon: Il y a des bananes? J'aime les bananes! Merci.

Le lapin: Oh! là là! Encore des carottes!
Je n'aime pas les carottes!
Le cochon: Ah! des carottes aussi. Fantastique!

Le lapin: Tu veux mes carottes?
L'éléphant: Tu aimes les arachides aussi?
La souris: J'ai du fromage.

Le cochon: Bon! J'ai des bananes, des carottes, des arachides et du fromage ... et mon lunch!

Bon appétit!

Quelle aventure!
Tour F

des arachides
des bananes
des carottes
ASTRO
du fromage
de l'eau
des cornichons
du chocolat
un chef
du céleri
de la glace
un hamburger
un hot-dog
du ketchup
du maïs soufflé
de la réglisse
du pain
des oignons
de la moutarde
de la relish
de la soupe
des tomates

Attention!

J'aime le fromage.
Tu veux de la soupe et du pain?
Il y a des tomates, n'est-ce pas?

TOURS D, E, F: Ici et là

Ah oui, c'est vrai!

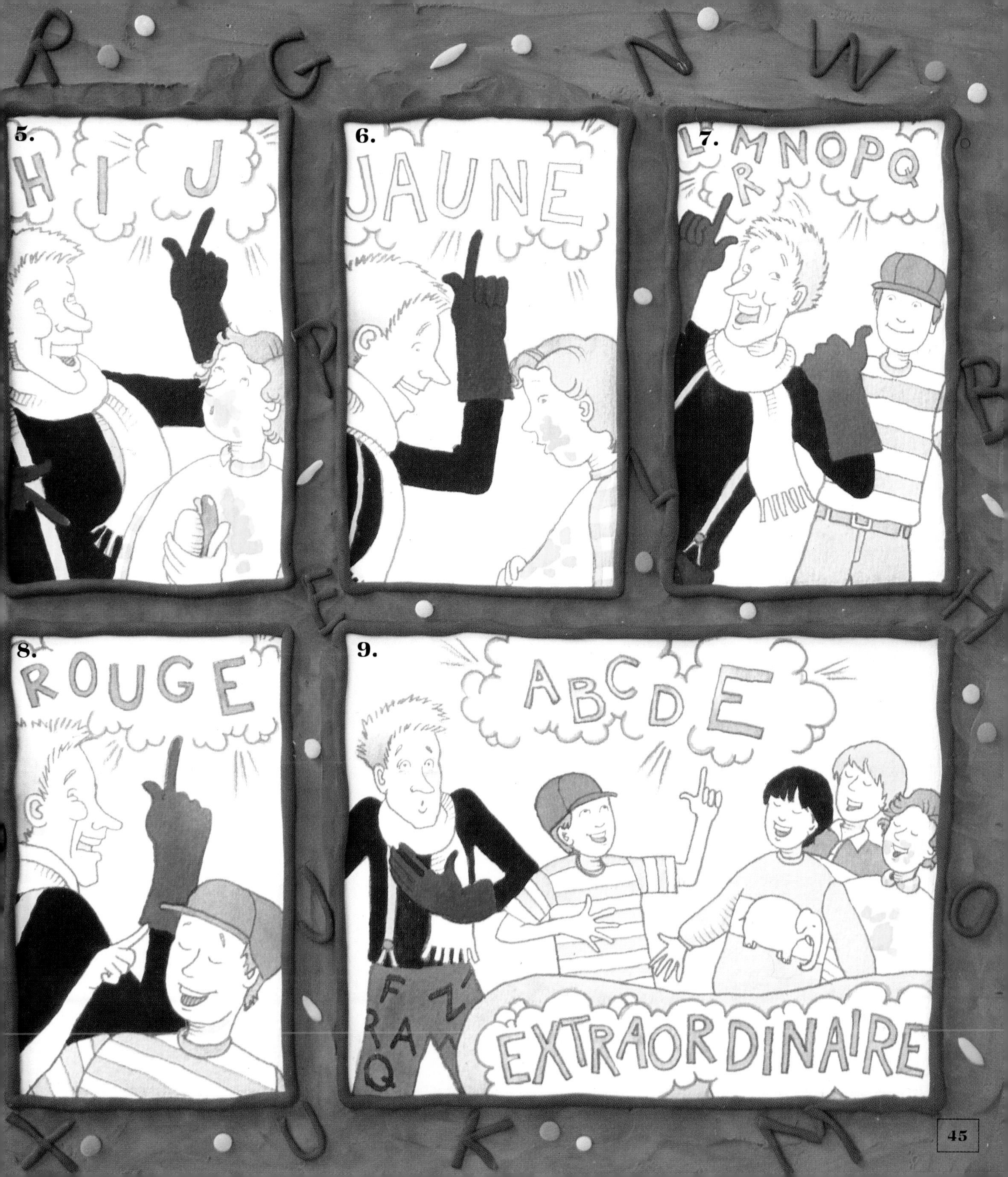

5.

6.

7.

8.

9.

Roméo et la météo: Édition spéciale

Speakerine: Voici Roméo et la météo.
Roméo: Bonjour, bonjour, bonjour!
Aujourd'hui je présente la météo
pour le monde entier.

Roméo: Il neige des cornichons
Dans le Yukon.
Mais pourquoi?
Il fait très froid!

Roméo: Je suis en Australie.
Il pleut du céleri
Aujourd'hui à Sydney.
N'oublie pas ton parapluie.

Roméo: Il neige de la glace
En Alsace.
Oh! là là!
Regarde mes traces.

Roméo: Il neige des arachides
À Chamonix.
Vas-y, David!
Tu n'es pas timide.

Roméo: Et aujourd'hui à Lyon
Il pleut des oignons.
Attention, attention,
Attention, les avions!

Speakerine: Merci et au revoir, Roméo.

Chante!

Aventures

Refrain
Par - tons à l'a - ven - tu - re, Une
a - ven - ture en fran - çais. Nous al - lons faire un grand voy - a - ge.
Nous al - lons faire beau - coup d'a - mis.
Mo - zart, le chat de Luc, est là, Et Ki - mo, le chien,
Ga - la - xo et ses a - mis Ca - ti - na et Lu - tin. Il
y a aus - si De - nis et sa sœur Syl - vie.

Paroles: Matt Maxwell
Musique: Jack Grunsky

2. Il y a des fusées
Et des jeux électroniques,
Des triangles et des carrés
Et un clown magique.
Il y a un robot,
Des avions et des autos.
Refrain

3. Il y a une grande fête
Avec des cadeaux
Et pour tout le monde
Il y a du gâteau.
On porte des vêtements,
Des bottes et un chapeau.
Refrain

4. On visite un restaurant
Où il y a des animaux,
Une vache et des cochons
Une souris et un éléphant.
Puis on mange des cornichons,
Des tomates et des oignons.
Refrain

AVENTURES 2: Lexique

	abracadabra	abracadabra
	Allons-y!	Let's go!
	alors	so
un(e)	ami(e)	a friend
un	animal	an animal
des	animaux	animals
un	anniversaire	a birthday
un	anorak	a ski jacket
	août	August
des	arachides	peanuts
	Asseyez-vous!	Sit down!
	Assieds-toi!	Sit down!
	Attention!	Watch out!
	aujourd'hui	today
	au revoir	goodbye
	aussi	also
une	auto	a car
l'	automne	autumn
	avec	with
un	avion	a plane
	avril	April
une	balle	a ball
des	bananes	bananas
une	bicyclette	a bike
	bien sûr	of course
	bizarre	weird, strange
	blanc	white
	bleu	blue
une	blouse	a blouse
un	blouson	a jacket
	bon	good
	bonjour	hello
	Bonne fête! (Bon anniversaire — used in France)	Happy birthday!
	bonne idée	good idea

des	bottes	boots
	bravo	well done
une	brosse	a chalkbrush
	brun	brown
un	cadeau	a present, gift
une	cage	a cage
un	cahier	a notebook
une	calculatrice	a calculator
	calme	calm
	Calme-toi!	Calm down!
un	camion	a truck
	Ça ne va pas.	I'm not well.
des	carottes	carrots
un	carré	a square
une	casquette	a cap
	Ça va?	How are you?, How are things?
	Ça va bien.	I'm fine.
	Ça va mal.	I'm not well.
	Ça va très bien.	I'm very well.
du	céleri	celery
un	cercle	a circle
un	cerf-volant	a kite
	C'est nuageux.	It's cloudy.
une	chaise	a chair
un	chandail	a sweater
un	chanteur	a singer
un	chapeau	a hat
un	chat	a cat
des	chaussettes	socks
des	chaussures de sport	running shoes
un	chef	a chef
une	chemise	a shirt
	chéri(e)	dear
un	cheval	a horse
	chic: C'est chic!	That's neat!

un chien	a dog
du chocolat	chocolate
un clown	a clown
un cochon	a pig
un Coke	a Coke
comme ci, comme ça	so-so
Comment ça va?	How are you?
Comment t'appelles-tu?	What's your name?
compter	to count
des cornichons	pickles
une craie	a piece of chalk
un crayon	a pencil
un crocodile	a crocodile
d'accord	OK
dans	in
décembre	December
déjà	already
De quelle couleur est-ce?	What color is it?
de rien	you're welcome
derrière	behind
Dessine!	Draw!
devant	in front of
Devine!	Guess!
dis-moi	tell me
drôle	funny
de l'eau	water
Écoutez!	Listen!
Eh bien . . .	Well then . . .
un éléphant	an elephant
elle aime	she likes
elle met	she's putting on
elle porte	she's wearing
elle prépare	she's preparing
elle s'appelle	her name is
elle veut	she wants
encore	more
des enfants	children
et	and
l'été	summer
euh . . .	um . . .
Excusez-moi.	Excuse me.
extraordinaire	extraordinary
une famille	a family
fantastique	fantastic
fatigué	tired
une femme	a wife
une fenêtre	a window
féroce	ferocious
une fête	a birthday
(un anniversaire—used in France)	
une fête	a holiday
février	February
une fille	a girl
une fleur	a flower
fort	strong
un foulard	a scarf
français	French
un frère	a brother
du fromage	cheese
une fusée	a rocket
des gants	gloves
un garage	a garage
un garçon	a boy
un gâteau	a cake
gentil	nice
un gilet de ski	a ski vest
une girafe	a giraffe
de la glace	ice cream
une gomme	an eraser
grand	tall, big

une grand-mère	a grandmother	j'ai faim	I'm hungry
des grands-parents	grandparents	j'aime	I like
un grand-père	a grandfather	janvier	January
gris	gray	jaune	yellow
gros	big, fat	un jean	jeans
		je l'écris	I write it
un hamburger	a hamburger	je m'appelle	my name is
un hamster	a hamster	je mets	I'm putting on
un hippopotame	a hippopotamus	je n'aime pas	I don't like
l'hiver	winter	je parle	I speak
horrible: C'est horrible!	It's horrible!	je porte	I'm wearing
un hot-dog	a hot dog	je prépare	I'm preparing
un hôtel	a hotel	je sais	I know (how)
		je suis	I am
il aime	he likes	un jeu électronique	a video game
Il fait beau.	It's nice weather.	je veux	I want
Il fait chaud.	It's hot (warm).	un joggeur	a jogger
Il fait froid.	It's cold.	juillet	July
il fait mauvais.	It's bad (nasty) weather.	juin	June
Il fait noir.	It's dark.	une jupe	a skirt
Il fait soleil.	It's sunny.		
Il fait du vent.	It's windy.	du ketchup	ketchup
il met	he's putting on		
Il neige.	It's snowing.	du lait	milk
il parle	he's talking	un lapin	a rabbit
Il pleut.	It's raining.	un lion	a lion
il prépare	he's preparing	un livre	a book
il porte	he's wearing	logique	logical
il s'appelle	his name is	un lunch	a lunch
il veut	he wants	des lunettes	glasses
il y a	there is, there are		
instant: Un instant!	Wait a minute!	M. Mme Mlle	Mr. Mrs. Miss
intelligent	intelligent	madame	ma'am
intéressant	interesting	mademoiselle	miss
		magique	magic
j'ai	I have	magnifique	wonderful
j'ai . . . ans	I'm . . . years old	mai	May

un **maillot**	a **bathing suit**
mais	**but**
Mais non!	**No it's not!**
une **maison**	a **house**
du **maïs soufflé**	**popcorn**
(du **popcorn** — used in France)	
maman	**Mom**
un **manteau**	a **coat**
mars	**March**
merci	**thank you**
une **mère**	a **mother**
mesdames et messieurs	**ladies and gentlemen**
la **météo**	the **weather report**
mets	**put on**
mince	**slim, skinny**
des **mitaines**	**mittens**
moi aussi	**me too**
monsieur	**sir**
un **mot**	a **word**
de la **moutarde**	**mustard**
national(e)	**national**
n'est-ce pas?	**isn't it?**
noir	**black**
non	**no**
novembre	**November**
le **numéro**	the **number**
octobre	**October**
Oh! là là!	**Oh, my!**
des **oignons**	**onions**
un **oiseau**	a **bird**
on fait . . .	**let's have . . . (a picnic)**
on mange	**we eat**
orange	**orange**
un **ordinateur**	a **computer**
original	**original**
oublie: n'oublie pas	**don't forget**
où est	**where is**
oui	**yes**
où sont	**where are**
du **pain**	**bread**
un **pantalon**	**pants**
un **pantalon de ski**	**ski pants**
un **parapluie**	an **umbrella**
pardon	**pardon**
des **parents**	**parents**
pas pour moi	**not for me**
un **père**	a **father**
petit	**short, small**
un **pique-nique**	a **picnic**
une **pizza**	a **pizza**
une **porte**	a **door**
une **poupée**	a **doll**
pour toi	**for you**
le **printemps**	**spring**
un **professeur**	a **teacher**
puis	**then**
un **pull**	a **pullover**
un **pupitre**	a **(student's) desk**
un **pyjama**	**pyjamas**
quand: C'est quand ta fête?	**When's your birthday**
Quel âge as-tu?	**How old are you?**
Qu'est-ce que c'est?	**What's that?**
Qui est-ce?	**Who is it?**
un **raton laveur**	a **raccoon**

une **recette**	a recipe	un **tableau**	a chalkboard
un **rectangle**	a rectangle	un **téléviseur**	a television set
Regarde!	Look!	un **tigre**	a tiger
Regardez!	Look!	**timide**	timid
une **règle**	a ruler	des **tomates**	tomatoes
de la **réglisse**	licorice	**tous, toutes**	all
de la **relish**	relish	**tout: C'est tout?**	Is that all?
(no equivalent in France)		**tout le monde**	everybody
une **robe**	a dress	des **traces**	footprints
un **robot**	a robot	un **train**	a train
rose	pink	**très**	very
rouge	red	un **triangle**	a triangle
une **salade**	a salad	un **T-shirt**	a T-shirt
une **salle de classe**	a classroom	**tu aimes**	you like
un **salon**	a living room	**tu es**	you are
des **sandales**	sandals	**tu l'écris**	you write it
un **sandwich**	a sandwich	**tu mets**	you're putting on
sensationnel	sensational	**tu portes**	you're wearing
septembre	September	une **tuque**	a ski cap
un **serpent**	a snake	**tu sais**	you know
un **short**	shorts		
s'il te plaît	please	une **vache**	a cow
s'il vous plaît	please	**Vas-y!**	Go ahead!
un **singe**	a monkey	**vert**	green
des **skis**	skis	des **vêtements**	clothing
une **sœur**	a sister	**Viens ici!**	Come here!
un **sofa**	a sofa	**voici**	here is, here are
des **souliers**	shoes	**voilà**	there is, there are
de la **soupe**	soup	**Voyons.**	Let's see.
une **souris**	a mouse		
sous	under	un **zèbre**	a zebra
un **stylo**	a pen		
super	great		
sur	on		
une **surprise**	a surprise		
une **table**	a table		